AF221959

Impressum
Verlag: BABADADA GmbH, Nedderfeld 112 , 22529 Hamburg
Geschäftsführer / Verlagsleitung: Harald Hof
Druck: Books on Demand GmbH, In de Tarpen 42, 22848 Norderstedt

Imprint
Publisher: BABADADA GmbH, Nedderfeld 112 , 22529 Hamburg, Germany
Managing Director / Publishing direction: Harald Hof
Print: Books on Demand GmbH, In de Tarpen 42, 22848 Norderstedt, Germany

ትምህርት ቤት

sekolah

መማሪያ ክፍል
bilik darjah
ማካፈል
bahagi
186/2
ሰሌዳ
papan
የትምህርት ቤት ቅጥር ግቢ
laman/taman sekolah
መምህር
guru
ወረቀት
kertas
መፃፍ
tulis
እስክሪብቶ
pen
መፃፊያ ጠረጴዛ
meja
ማስመሪያ
pembaris
buku
ተማሪ
murid

የጀርባ ቦርሳ

beg galas

የእርሳስ መያዣ

kotak pensel

እርሳስ

pensel

የእርሳስ መቅረጫ

pengasah pensel

ላጲስ

pemadam

የስዕል ደብተር

kertas lukisan

ስዕል
melukis

የቀለም ብሩሽ
berus lukis

የቀለም ሳጥን
kotak warna

መቀስ
gunting

ማጣበቂያ
gam

መልመጃ ደብተር
buku latihan

የቤት ስራ
kerja rumah

ቁጥር
nombor

መደመር
tambah

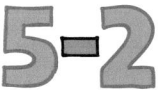

መቀነስ
tolak

ማባዛት
darab

ቁጥሮችን ማስላት
kira

ደብዳቤ
huruf

ፊደላት
abjad

ቃል
kata

ፅሑፍ

teks

ማንበብ

baca

ጠመኔ

kapur

ትምህርት

pelajaran

ምዝገባ

daftar

ፈተና

peperiksaan

ሰርተፊኬት

sijil

የትምህርት ቤት የደንብ ልብስ

uniform sekolah

ትምህርት

pendidikan

አዉደ ጥበብ

ensiklopedia

ዩኒቨርስቲ

universiti

የምርምር አጉሊ መሳርያ

mikroskop

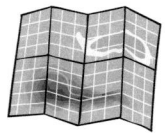

ካርታ

peta

የቆሻሻ ወረቀት መጣያ ቅርጫት

bakul sampah

ሆቴል
hotel
ማረፊያ ቤት
asrama
የዉጭ ገንዘብ ምንዛሪ ቢሮ
pejabat tukaran mata wang
ልብስ መያዣ ሻንጣ
beg pakaian
መኪና
kereta

ቋንቋ

bahasa

አዎ/ አይደለም

ya / tidak

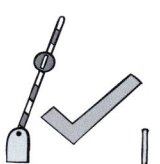

እሺ

okey

ሰላም

helo

አስተርጓሚ

penterjemah

አመሰግናለሁ

Terima kasih

ስንት ነዉ.......?

berapa banyak...?

አልገባኝም

saya tidak faham

እክል

masalah

እንደምን አመሹ!

Selamat petang!

እንደምን አደሩ!

Selamat Pagi!

መልካም ምሽት!

Selamat Malam!

ደህና ይሰንብቱ

selamat tinggal

አቅጣጫ

arah

ሻንጣ

bagasi

ቦርሳ

beg

የጀርባ ቦርሳ

beg galas

እንግዳ

tetamu

ክፍል

bilik tidur

የመተኛ ቦርሳ

beg tidur

ድንኳን

khemah

የጎብኚዎች መረጃ
maklumat pelancong

የባህር ዳርቻ
pantai

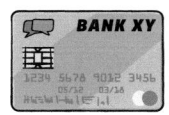

ክሬዲት ካርድ
kad kredit

ቁርስ
sarapan

ምሳ
makan tengah hari

እራት
makan malam

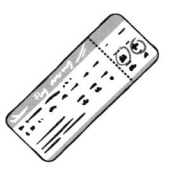

ቲኬት
tiket

አሳንስር
lif

ማህተም
setem

ድንበር
sempadan

ባህሎች
kastam

ኤምባሲ
kedutaan

ቪዛ/የይለፍ ወረቀት
visa

ፓስፖርት
pasport

መጓጓዣ

pengangkutan

አዉሮፕላን
kapal terbang
መርከብ
kapal
የእሳት አደጋ
መኪና
kereta bomba
አዉቶብስ
bas
የጭነት መኪና
trak
የሞተር ጀልባ
motobot
ብስክሌት
basikal
መኪና
kereta

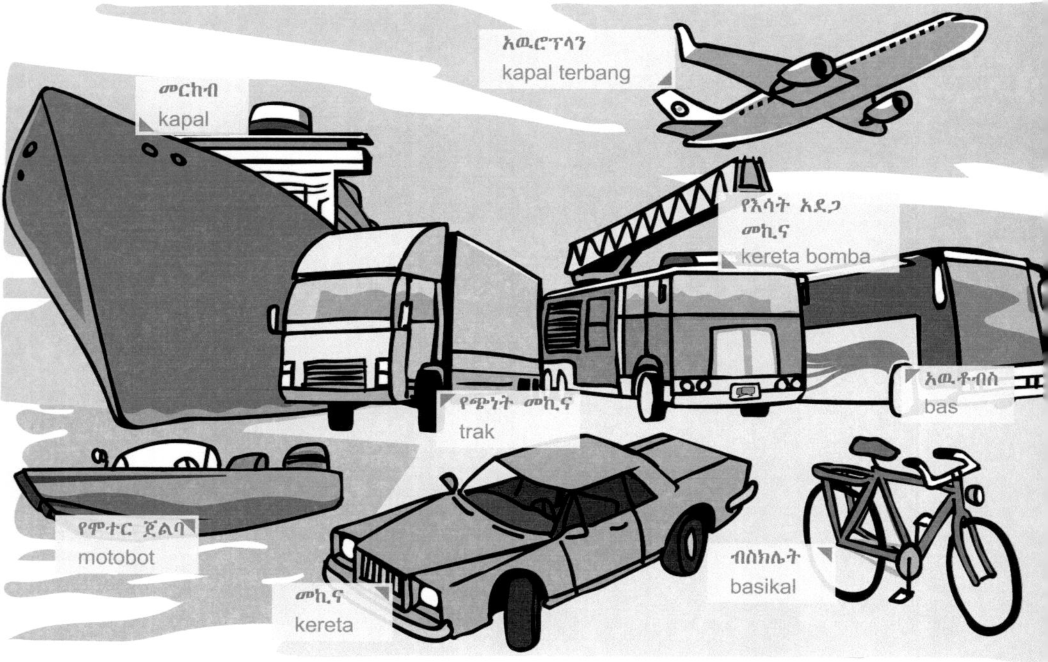

የማመላለሻ ጀልባ
....
feri

ጀልባ
....
bot

የሞተር ብስክሌት
....
motosikal

የፖሊስ መኪና
....
kereta polis

የዉድድር መኪና
....
kereta lumba

የኪራይ መኪና
....
kereta sewa

የመኪና መጋራት

berkongsi kereta

ጎታች መኪና

trak tunda

የቆሻሻ ጭነት መኪና

trak menolak

ሞተር

motor

ነዳጅ

bahan api

የቤንዚን ማደያ

stesen minyak

የመንገድ ምልክት

tanda trafik

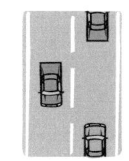

የመኪኖች እንቅስቃሴ

trafik

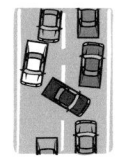

የመኪና መጨናነቅ

kesesakan lalu lintas

የመኪና ማቆሚያ

tempat parkir

የባቡር ጣቢያ

stesen kereta api

የባቡር ሀዲዶች

trek

ባቡር

kereta api

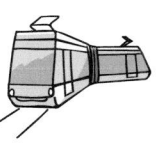

የኤሌክትሪክ ባቡር

trem

ሰረገላ

gerabak

ሄሊኮፕተር

helikopter

አየር ማረፊያ

lapangan terbang

ማማ

Menara

መንገደኛ

penumpang

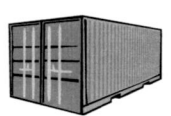

ማስቀመጫ፤ ማጠራቀሚያ

bekas

ካርቶን እቃ ማሸጊያ

kadbod

ጋሪ፤ ተሳቢ

kart

ቅርጫት

bakul

መነሳት/ ማረፍ

berlepas / mendarat

ከተማ

bandar

መንደር

kampung

የከተማ ማዕከል

pusat bandar

ቤት

rumah

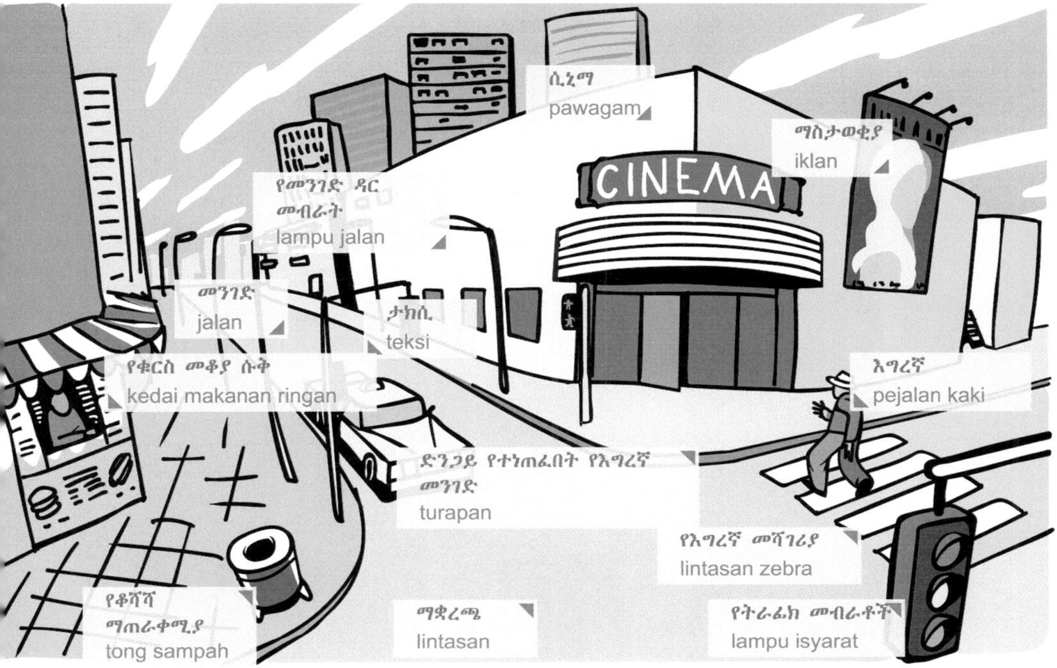

ሲኒማ
pawagam
CINEMA
ማስታወቂያ
iklan
የመንገድ ዳር መብራት
lampu jalan
መንገድ
jalan
ታክሲ
teksi
የቁርስ መቆያ ሱቅ
kedai makanan ringan
እግረኛ
pejalan kaki
ድንጋይ የተነጠፈበት የእግረኛ መንገድ
turapan
የእግረኛ መሻገሪያ
lintasan zebra
የቆሻሻ ማጠራቀሚያ
tong sampah
ማቋረጫ
lintasan
የትራፊክ መብራቶች
lampu isyarat

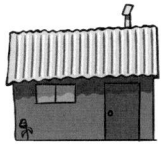

ጎጆ

pondok

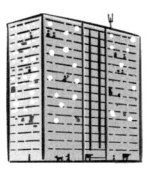

አፓርታማ

flat

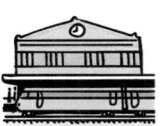

የባቡር ጣቢያ

stesen kereta api

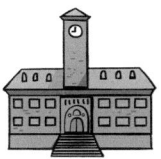

የከተማ አዳራሽ

dewan bandar

MUSEUM

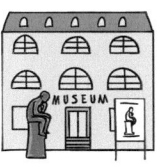

ቤተ መዘክር

muzium

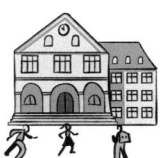

ትምህርት ቤት

sekolah

ዩኒቨርስቲ

universiti

ባንክ

bank

ሆስፒታል

hospital

ሆቴል

hotel

መድሐኒት ቤት

farmasi

ቢሮ

pejabat

መፅሐፍ መሸጫ

kedai buku

ሱቅ

kedai

የአበባ መሸጫ

kedai bunga

የሸቀጣ ሸቀጥ መደብር

pasar raya

ገበያ ስፍራ

pasaran

መደብር

gedung

የዓሳ ነጋዴ

penjual ikan

የገበያ ማዕከል

pusat membeli-belah

ወደብ

pelabuhan

መናፈሻ ቦታ

taman

አግዳሚ ወንበር

bangku

ድልድይ

jambatan

ደረጃዎች

tangga

ዉስጥ ለዉስጥ

bawah tanah

ዋሻ

terowong

የአዉቶቡስ ፌርማታ

hentian bas

ባር

bar

ምግብ ቤት

restoran

የፖስታ ሳጥን

peti surat

የመንገድ ምልክት

papan tanda jalan

የመኪና ማቆሚያ ሒሳብ የሚያሰላ ማሽን

meter parkir

የደር እንስሳት ማቆያ

zoo

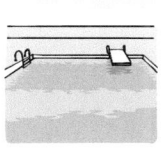

የመዋኛ ገንዳ

kolam renang

መስጊድ

masjid

እርሻ
ladang

የሚበክል ነገር
pencemaran

መቃብር ስፍራ
tanah perkuburan

ቤተ ክርስቲያን
gereja

መጫወቻ ሜዳ
taman permainan

ቤተ መቅደስ
kuil

መልከዓምድር
landskap

ቅጠል
daun

የመንገድ ላይ ምልክት
tiang tanda

መንገድ
jalan

አረንጓዴ መስክ
padang rumput

ድንጋይ
batu

ዛፍ
pokok

በእግሩ የሚጓዝ
pejalan kaki

ወንዝ
sungai

ሳር
rumput

አበባ
bunga

ሸለቆ

lembah

ኮረብታ

bukit

ሀይቅ

tasik

ጫካ

hutan

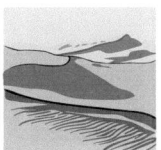

በረሃ

padang pasir

እሳተ ገሞራ

gunung berapi

ግምብ

istana

ቀስተ ዳመና

pelangi

እንጉዳይ

cendawan

የቴምብር ዛፍ/ ዘንባባ

pokok kelapa sawit

ቢንቢ/ የወባ ትንኝ

nyamuk

በራሪ

terbang

ጉንዳን

semut

ንብ

lebah

ሸረሪት

labah-labah

ጢንዚዛ
kumbang

እንቁራሪት
katak

ሽኮኮ
tupai

ጃርት
landak

ጥንቸል
arnab

ጉጉት ወፍ
burung hantu

ወፍ
burung

የዉሃ ዳክዬ
angsa

ከርከሮ
babi jantan

አጋዘን
rusa

አጋዘን
moose

ግድብ
empangan

በነፋስ የሚሽከረከር
turbin angin

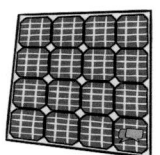

የፀሀይ ፓኔሎ
panel solar

አየር ንብረት
iklim

ምግብ ቤት
restoran

አስተናጋጅ
pelayan
ማዉጫ
menu
ወንበር
kerusi
ሾርባ
sup
ፒዛ
piza
መክተፊያ
kutleri
የጠረጴዛ ጨርቅ
alas meja

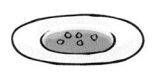

የምግብ ፍላጎትን የሚከፍት ምግብ
pemula

ዋና ምግብ
hidangan utama

ማጣጣሚያ ተከታይ ምግብ
pencuci mulut

መጠጦች
minuman

ምግብ
makanan

ጠርሙስ
botol

ፈጣን ምግብ
....
makanan segera

የመንገድ ምግብ
....
makanan jalanan

የሻይ ማንቆርቆሪያ
....
teko

የስኳር እቃ
....
mangkuk gula

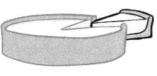

ድርሻ
....
bahagian

የቡና ማፈያ ማሽን
....
mesin espreso

ባለጌ ወንበር
....
kerusi tinggi

የክፍያ ደረሰኝ
....
bil

ትሪ
....
dulang

ቢላዋ
....
pisau

ሹካ
....
garfu

ማንኪያ
....
sudu

የሻይ ማንኪያ
....
sudu teh

ልብስ ምግብ እንዳይነካ የሚረዳ
ጨርቅ
....
serviette

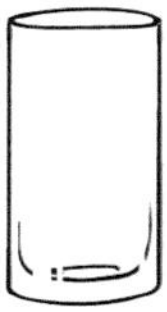

ብርጭቆ
....
gelas

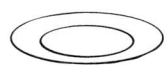

ዝርግ ሰሀን

pinggan

የሾርባ ጎድጓዳ ሰሀን

mangkuk sup

የስኒ ማስቀመጫ

piring

ማጣፈጫ ስጎ

sos

የጨዉ እቃ

tempat garam

የተፈጨ ቃሪያ

pengisar lada

ኮምጣጤ

cuka

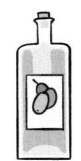

የምግብ ዘይት

minyak

ቀመማ ቅመሞች

rempah

የቲማቲም ድልህ

sos

ሰናፍጭ

mustard

ማዮኒዝ

mayones

የሸቀጣ ሸቀጥ መደብር

pasar raya

ልዩ አቅራቦት
tawaran istimewa
FOR
ደምበኛ
pelanggan
የወተት ተዋፅዖ
tenusu
ፍራፍሬ
buah-buahan
ባለ ጎማ የእጅ ጋሪ
troli

ሉካንዳ ነጋዴ

tukang daging

መጋገርያ

kedai roti

ክብደት መመዘን

berat

ቅጠላ ቅጠል አትክልት

sayur-sayuran

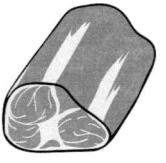

ስጋ

daging

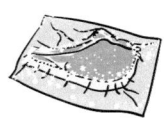

የቀዘቀዘ/የረጋ ምግብ

makanan sejuk beku

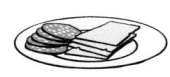

ቀዝቃዛ ቁራጭ

daging sejuk

የታሸገ ምግብ

makanan dalam tin

የማጠቢያ ዱቄት

serbuk pencuci

ጣፋጮች

gula-gula

የቤት ዉስጥ ዉጤቶች

produk isi rumah

የፅዳት ምርቶች

produk pembersihan

የሽያጭ ባለሙያ

orang jualan

የገንዘብ መመዝቢያ ማሽን

daftar tunai

የሒሳብ ሰራተኛ

juruwang

የግዢ ዝርዝር

senarai membeli-belah

ክፍት ሰዓታት

waktu pembukaan

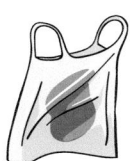

የኪስ ቦርሳ

beg duit

ክሬዲት ካርድ

kad kredit

ቦርሳ

beg

የፕላስቲክ ቦርሳ

beg plastik

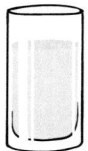

መጠጦች

minuman

ዉሃ

air

ጭማቂ

jus

ወተት

susu

ኮካ-ኮላ

kola

ወይን

wain

ቢራ

bir

አልኮል

alkohol

ኮካ

koko

ሻይ

the

ቡና

kopi

የተፈላ ቡና

espreso

ካፕቺኖ

kapucino

ምግብ

makanan

ሙዝ

pisang

ፖም

epal

ብርቱካን

oren

ሀብሀብ

tembikai

ሎሚ

lemon

ካሮት

lobak merah

ነጭ ሽንኩርት

bawang putih

ሸምበቆ

buluh

ቀይ ሽንኩርት

bawang

እንጉዳይ

cendawan

ለዉዝ

kacang

የህፃናት ምግብ

mi

ፓስታ

spageti

ሩዝ

nasi

ሰላጣ

salad

የድንች ጥብስ

kerepek

ድንች ጥብስ

kentang goreng

ፒዛ

piza

ዳቦ ዉስጥ በስሱ ተጠብሶ የገባ ስጋ

hamburger

ሳንድዊች

sandwic

ጥሬ ስጋ

kutlet

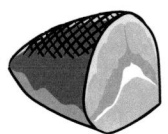

የአሳማ ስጋ

ham

በቅመምና በጨዉ የታሸ ምግብ
ቀዝቅዞ የሚበላ ሾርባ ምግብ

salami

ቋሊማ

sosej

ዶሮ

ayam

ጥብስ

panggang

አሳ

ikan

የአጃ ገንፎ

bubur oat

ከወተት ጋር ተደባልቀዉ የሚበሉ ምግቦች

muesli

የበቆሎ ቅርፊት

emping jagung

ዱቄት

tepung

ኩራሳ

kroisan

ድብልብል ዳቦ

roti roll

ዳቦ

roti

መጥበስ

roti bakar

ብስኩት

biskut

ቅቤ

mentega

እርጎ

dadih

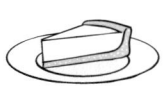

ኬክ

kek

እንቁላል

telur

እንቁላል ጥብስ

telur goreng

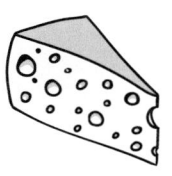

አይብ

keju

የበረዶ ክሬም

ais krim

ስኳር

gula

ማር

madu

ማርማላት

jem

የተናጠ የወተት ክሬም

krim nougat

ማጣፈጫ

kari

እርሻ
ladang

የገበሬ ቤት
rumah ladang
የእህልና የከብት ማቀመጫ ቤት
bangsal
የጭድ ክምር
bandela jerami
ሜዳ
bidang
ፈረስ
kuda
ተሳቢ መኪና
treler
የእርሻ መኪና
traktor
የፈረስ ዉርንጭላ
anak kuda
አህያ
keldai
በግ
biri-biri
የበግ ጠቦት
kambing

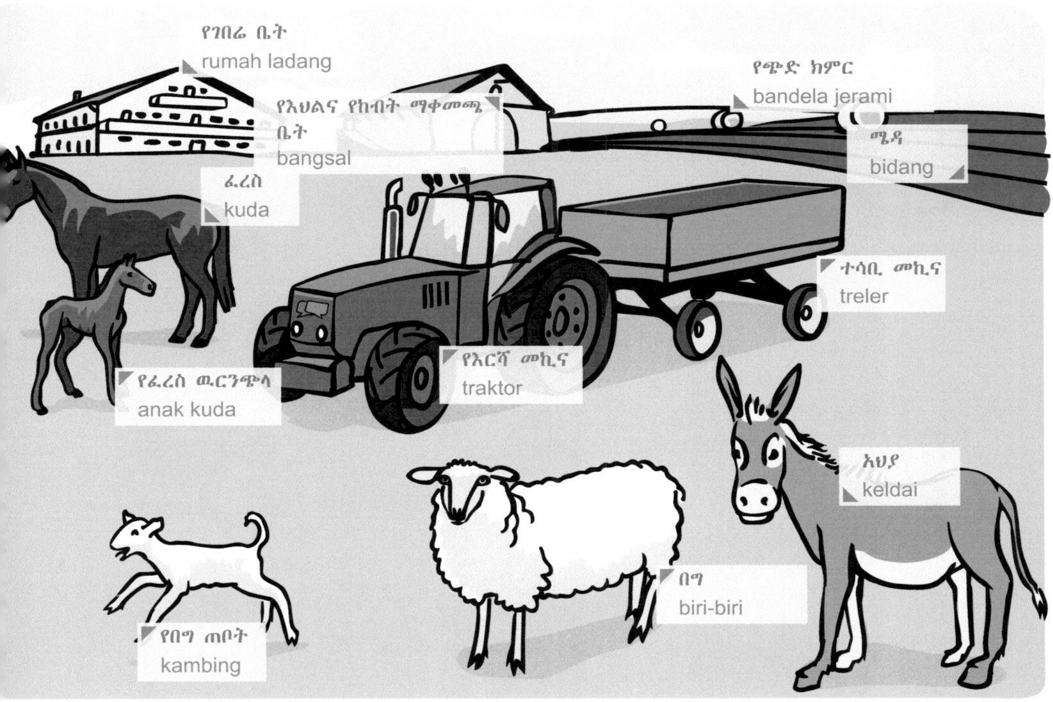

ፍየል
kambing

ላም
lembu

ጥጃ
anak lembu

አሳማ
babi

ግልገል አሳማ
anak babi

ኮርማ
lembu

ዝይ

angsa

ዳክዬ

itik

የዶሮ ጫጩት

anak ayam

ዶር

ayam betina

አዉራ ዶሮ

ayam jantan muda

አይጥ

tikus

ድድመት

kucing

አይጥ

tikus

በሬ

lembu jantan

ዉሻ

anjing

የዉሻ ቤት

rumah anjing

የአትክልት ቦታ

hos taman

ዉሃ ማጠጫ ባልዲ

bekas siraman

ረጅም ማጭድ

sabit

ማረሻ

bajak

ማጭድ

sabit

መኮትኮቻ

cangkul

የእህል መንሽ

serampang peladang

መጥረቢያ

kapak

ኩርኩር/ የእጅ ጋሪ

kereta sorong

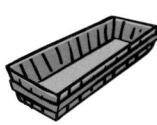

ገንዳ

palung

የወተት ዕቃ

tin susu

ጆንያ ከረጢት

karung

አጥር

pagar

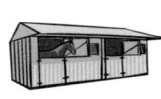

የፈረስ ጋጣ

stabil

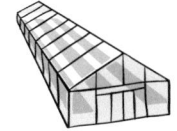

ዕፅዋት ማሳደጊያ የመስታዉት ቤት

rumah hijau

አፈር

tanah

ዘር

benih

የመሬት ማዳበሪያ

baja

ጥምር ማረሻ

jentuai

አዝመራ መሰብሰብ

tuai

አዝመራ

menuai

ድንች

keladi

ስንዴ

gandum

ሶያ

soya

ድንች

kentang

በቆሎ

jagung

የከብት መኖ

biji sawi

የፍሬ ዛፍ

pokok buah-buahan

የካሳቫ ዛፍ

ubi kayu

እህል

bijirin

እርሻ - ladang

ቤት

rumah

የጪስ ማዉጫ
cerobong
ጣራ
atap
አሸንዳ
penurun
መስኮት
tetingkap
ጋራዥ
garaj
የበር ደወል
loceng pintu
በር
pintu
ማጠራቀሚያ
tong sampah
ፖስታ ሳጥን
peti surat
የአትክልት ቦታ
taman

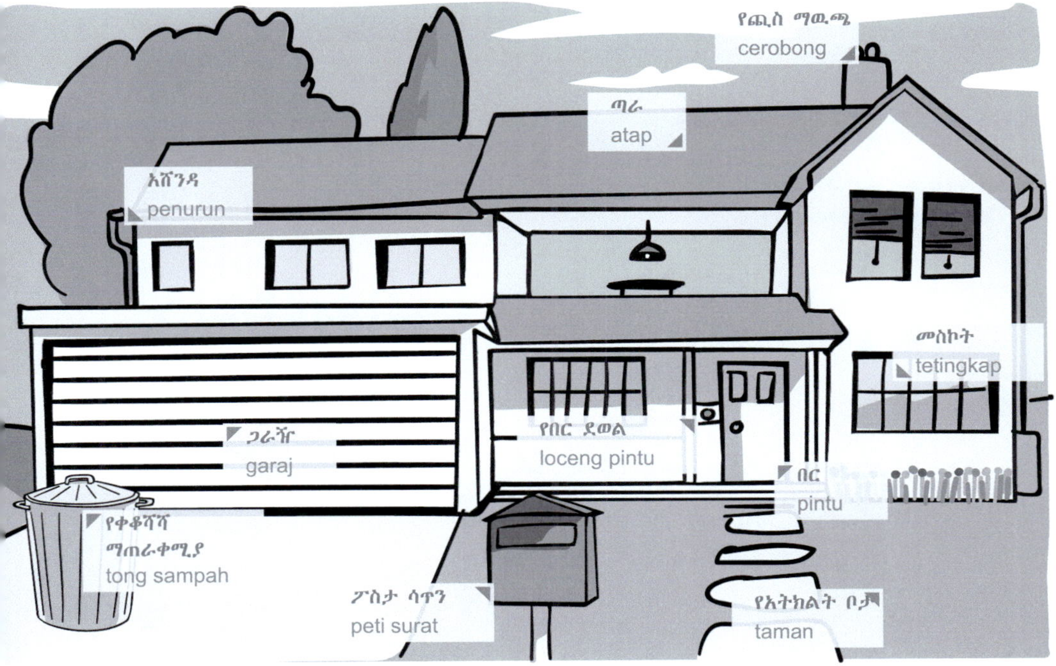

ሳሎን

ruang tamu

መታጠቢያ ቤት

bilik air

ማድቤት

dapur

መኝታ ቤት

bilik tidur

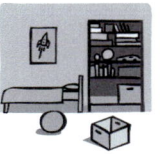

የልጅ ክፍል

bilik kanak-kanak

መመገቢያ ክፍል

ruang makan

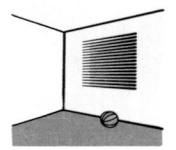

ወለል

lantai

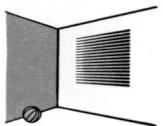

ግድግዳ

dinding

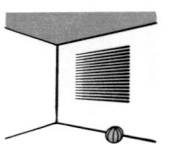

ጣሪያ

siling

ምድር ቤት

bilik bawah tanah

በእንፋሎት ሙቀት መታጠቢያ ቤት

sauna

ሰገነት

balkoni

ክፍ ያለ መደብ

teres

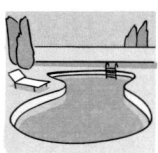

የመዋኛ ገንዳ

kolam renang

የማጨጃ መኪና

pemotong rumput

አንሶላ

lembaran

የአልጋ ልብስ

penutup tilam

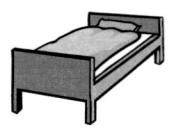

አልጋ

katil

መጥረጊያ

penyapu

ባልዲ

timba

ማብሪያና ማጥፊያ

suis

32   **ቤት** - rumah

ሳሎን

ruang tamu

የግድግዳ ወረቀት
kertas dinding
ፎቶ
gambar
መብራት
lampu
መደርደሪያ
rak
ቁም ሳጥን፤ ካቢኔ
kabinet
ቴሌቭዥን
televisyen
የእሳት መሞቂያ
pendiangan
አበባ
bunga
ትራስ
kusyen
ሶፋ
sofa
የአበባ ማስቀመጫ
pasu
ሪሞት ኮንትሮል
alat kawalan jauh

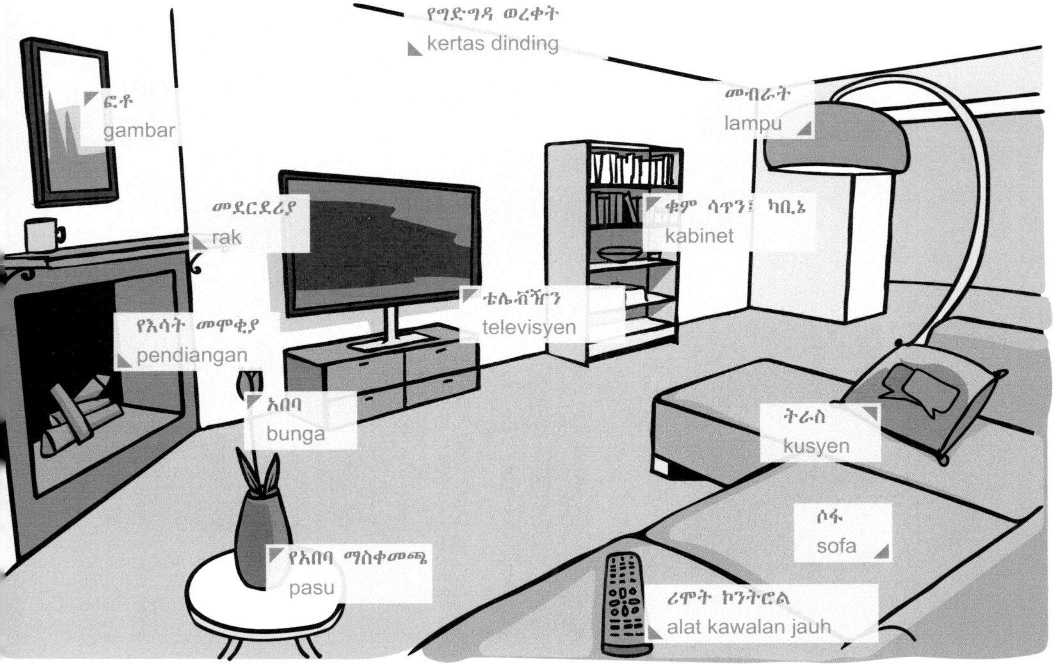

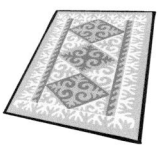

ንጣፍ

permaidani

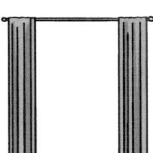

መጋረጃ

tirai

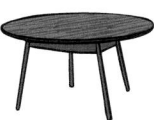

ጠረጴዛ

meja

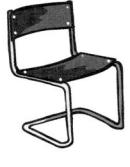

ወንበር

kerusi

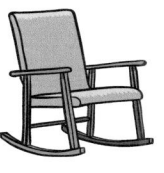

ተወዛዋዥ ወንበር

kerusi malas

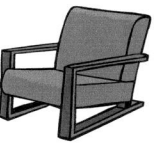

ባለመደገፊያ ወንበር

kerusi

መጽሐፍ

buku

ብርድ ልብስ

selimut

ጌጥ

hiasan

ማገዶ

kayu api

ፊልም

filem

የሙዚቃ መሣሪያ

hi-fi

ቁልፍ

kunci

ጋዜጣ

akhbar

ስዕል

lukisan

የተለጠፈ ማስታወቂያ እንደ ስዕል

poster

ራዲዮ

radio

ማስታወሻ ደብተር

buku catatan

የአየር ማፅጃ ለምንጣፍ

penyedut habuk

ቁልቋል

kaktus

ሻማ

lilin

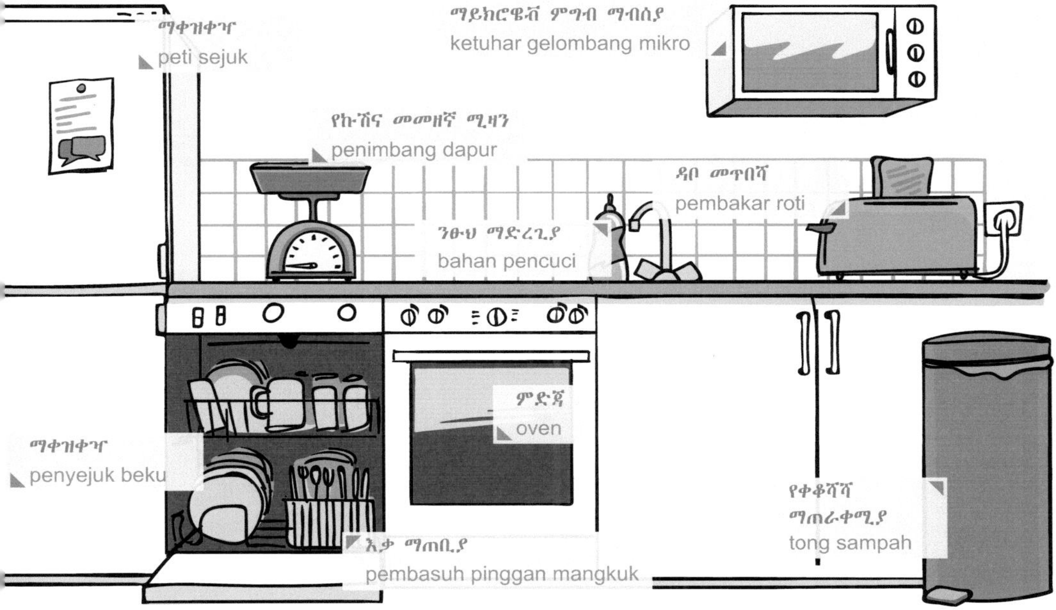

ማይክሮዌቭ ምግብ ማብሰያ
ketuhar gelombang mikro

ማቀዝቀዣ
peti sejuk

የኩሽና መmeasure ሚዛን
penimbang dapur

ዳቦ መጥበሻ
pembakar roti

ንፁህ ማድረጊያ
bahan pencuci

ምድጃ
oven

ማቀዝቀዣ
penyejuk beku

የቆሻሻ
ማጠራቀሚያ
tong sampah

እቃ ማጠቢያ
pembasuh pinggan mangkuk

ምግብ አብሳይ
periuk dapur

ማሰሮ
periuk

የብረት ማሰሮ
periuk besi

ምግብ ማብሰያ ዝርግ ድስት
kuali

የምግብ መጥበሻ
pan

ማንቆርቆሪያ
cerek

የእንፋሎት ማብሰያ

pengukus

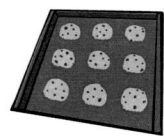

የመጋገሪያ ትሪ

dulang pembakar

ሰብስቦች

pinggan mangkuk

ትልቅ ኩባያ

koleh

ጎድጓዳ ሳህን

mangkuk

ቾፕስቲክስ

penyepit

ጭልፋ

senduk

መሰቅሰቂያ ዝርግ ማንኪያ

spatula

ማደባለቂያ

pengadun

መወጠሪያ

penapis

ወንፊት

ayak

መፈርፈሪያ መሳሪያ

pemarut

ሲሚንቶ

mortar

የፍም ጥብስ

barbeku

የተለቀቀ እሳት

pembakaran terbuka

መክተፊያ

papan pencincang

ተንሸራታች መርፌ

pin golekan

የጠርሙስ መክፈቻ

skru gabus

ጣሳ

tin

የጣሳ መክፈቻ

pembuka tin

የማሰሮ መሸፈኛ

pemegang periuk

ሳህን ማጠቢያ

sinki

ብሩሽ

berus

ስፖንጅ

span

መደባለቂያ መሳሪያ

pengisar

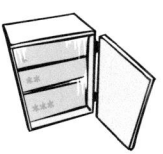

በጣም ማቀዝቀዣ

penyejuk beku

ጡጦ

botol bayi

ቧንቧ

paip

መታጠቢያ ቤት

bilik air

ማሞቂያ
pemanasan
መታጠቢያ
mandi
ፎጣ
tuala
የመታጠቢያ ቤት መጋረጃ
tirai mandi
የአረፋ መታጠቢያ
mandi buih
የመታጠቢያ ገንዳ
tab mandi
ብርጭቆ
gelas
የልብስ ማጠቢያ
mesin basuh
ቧንቧ
paip
ማዕዘን ወለል
jubin
tandas
ሳህን ማጠቢያ
sinki

ሽንት ቤት

tandas

የሽንት ቤት መቀመጫ

tandas mencangkung

ሳፋ

mangkuk tandas

የመንገድ ዳር መሽኛ

tandas awam

የሽንት ቤት ወረቀት

kertas tandas

የሽንት ቤት ማፅጃ ብሩሽ

berus tandas

የጥርስ ብሩሽ

berus gigi

የጥርስ ሳሙና

ubat gigi

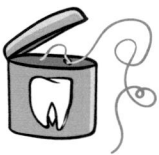

የጥርስ ማፅጃ ክር

flos gigi

መታጠብ

cuci

የእጅ መታጠቢያ

mandian tangan

መታጠቢያ

pancuran

ጎድጓዳ ሳህን

besen

የጀርባ ብሩሽ

belakang berus

ሳሙና

sabun

የመታጠቢያ የሚዝለገለግ ሳሙና

gel mandian

የፀጉር መታጠቢያ ሳሙና

syampu

ለስላሳ ጨርቅ

flanel

ፍሳሽ

longkang

ክሬም

krim

ጠረን መቀየሪያ ንጥረ ነገር

deodoran

መስታወት

cermin

የእጅ መስታወት

cermin tangan

ምላጭ

pisau cukur

የመላጫ አረፋ

busa cukur

ከመላጨት በኋላ የሚቀባ ሽቱ

selepas cukur

ማበጠሪያ

sikat

ብሩሽ

berus

የፀጉር ማድረቂያ

pengering rambut

በፀጉር ላይ የሚነፋ

semburan rambut

የፊት መቀባቢያ

mekap

የከንፈር ቀለም

gincu

የጥፍር ቀለም

varnis kuku

የጥጥ ሱፍ

bulu kapas

ጥፍር መቁረጫ

gunting kuku

ሽቶ

pewangi

ማጠቢያ ባልዲ

beg basuhan

መቀመጫ

bangku

ሚዛን

skala berat

የመታጠቢያ ልብስ

jubah mandi

የላስቲክ ጓንት

sarung tangan getah

ሞዴስ

kapas

የፅዳት ፎጣ

tuala wanita

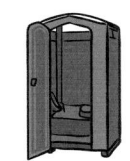

የሽንት ቤት ኬሚካል

tandas kimia

የልጅ ክፍል

bilik kanak-kanak

የማንቂያ ደዉል ሰዐት
jam loceng
የህፃን አሻንጉሊት
mainan kegemaran
የመጫወቻ መኪና
kereta mainan
ማንገጫገጫ መጫወቻ
kerincing bayi
የአሻንጉሊት ቤት
rumah anak patung
ስጦታ
hadiah

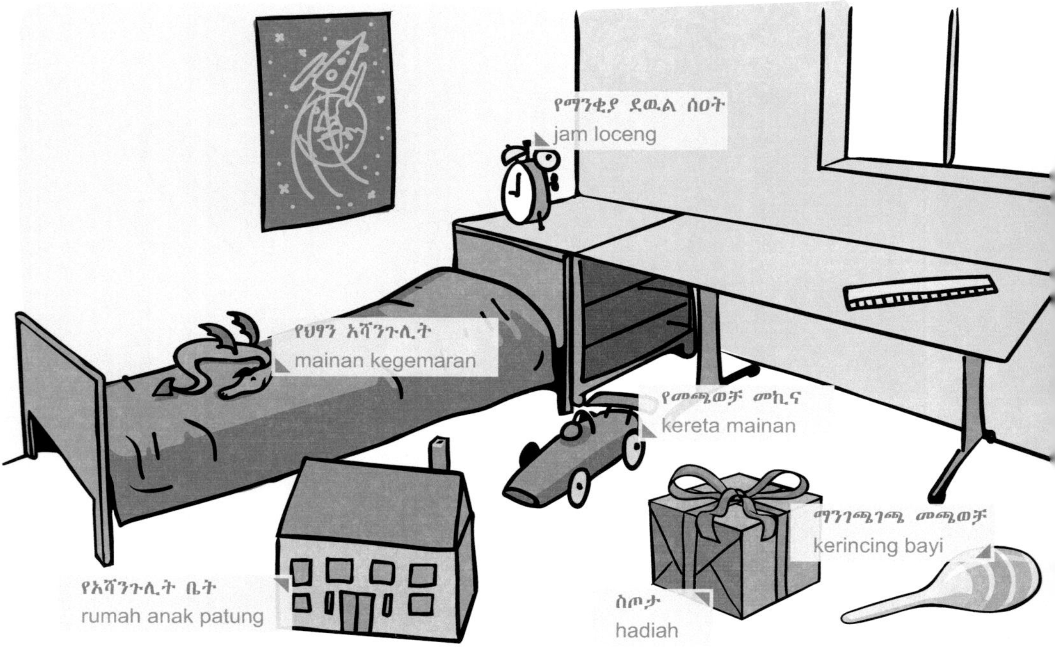

ፊኛ

belon

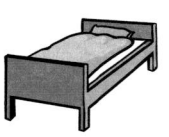

አልጋ

katil

የህፃን ማንሸራሸሪያ ጋሪ

kereta sorong bayi

የካርታ መጫወቻ

set kad

ቁርጥራጭ ምስሎችን የማገጣጠም
እና ምስል የማግኘት ጨዋታ

susun suai gambar

አዝናኝ

komik

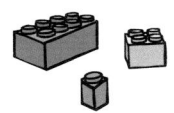

ተገጣጣሚ መጫወቻ

batu bata lego

የመጫወቻ መገጣጠሚያዎች

blok mainan

የድርጊት ምስል

figura aksi

የህፃን እድገት

baju bayi

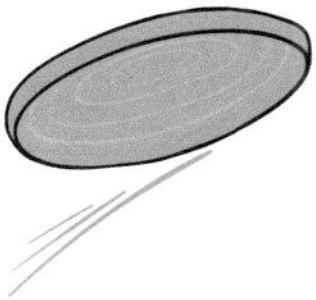

የፕላስቲክ መጫወቻ ዝርግ ሰሀን

frisbee

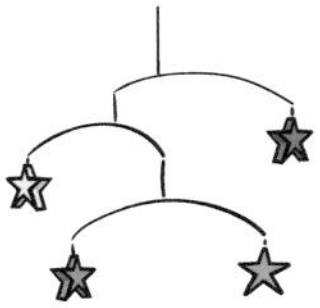

ተወዛዋዥ የህፃን ማጫወቻ

mainan bayi mudah alih

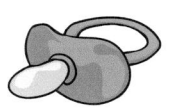

የሰሌዳ ጨዋታ

permainan papan

የመጫወቻ ጠጠር

dadu

የመጫወቻ ባቡር

set model kereta api

የእንጀራ እናት ጡጦ

palsu

ድግስ

parti

የስዕል መፅሀፍ

buku bergambar

ኳስ

bola

አሻንጉሊት

anak patung

መጫወት

main

የአሸዋ መጫወቻ

lubang pasir

ዥዋዥዌ

buai

መጫወቻዎች

mainan

የቪዲዮ መጫወቻ

konsol permainan video

ባለ ሶስት ጎማ ብስክሌት

basikal roda tiga

የአሻንጉሊት ድብ

anak patung beruang

ቁምሳጥን

almari pakaian

አልባሳት

pakaian

ካልሲዎች

stoking

ስቶኪንጎች

stoking

ታይት

ketat

የአንገት ልብስ
skarf

ዣንጥላ
payung

ክናቴራ
kemeja-t

keselamatan

በቲ
but

የቤት ዉስጥ ነጠላ ጫማ
selipar

ስኒከሮች
kasut sukan

ነጠላ ጫማዎች

sandal

ጫማዎች

kasut

የዝናብ ቡትስ

but getah

ሙታንታ

seluar dalam

ጡት መያዣ

coli

ስደርያ

ves

ሰዉነት

badan

ሱሪዎች

Seluar panjang

ጅንስ

jean

ጉርድ ቀሚስ

skirt

ሸሚዝ

blaus

ሸሚዝ

kemeja

የሚጠለቅ ሹራብ

baju panas sarung

ሹራብ

sweater

ዩኒፎርም ጃኬት

blazer

ጃኬት

jaket

ኮት

kot

የዝናብ ኮት

baju hujan

ልብስ

kostum

ቀሚስ

pakaian

የሙሽራ ቀሚስ

baju pengantin

ሱፍ

sut

የለሊት ልብስ

baju tidur

የለሊት ልብስ

baju tidur

ረጅም ቀሚስ

sari

ሂጃብ

skarf kepala

ጥምጣም

serban

ቡርቃ

burqa

ሽርጥ

kaftan

አባያ

abaya/jubah

የዋና ልብስ

baju renang

አጭር ቁምጣ

seluar renang

ቁምጣዎች

seluar pendek

የስራ ቱታ

sut balapan

ሽርጥ

apron

ጓንት

sarung tangan

ቁልፍ

butang

መነፅር

cermin mata

አምባር

gelang tangan

የአንገት ሀብል

rantai leher

ቀለበት

cincin

የጆሮ ጌጥ

subang

ኮፍያ

topi

የኮት መስቀያ

penyangkut kot

ኮፍያ

topi

ከረቫት

tali leher

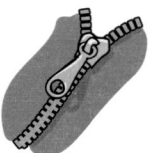

ዚፕ

zip

የብረት ቆብ

topi keledar

መደገፊያ

pendakap

የትምህርት ቤት የደንብ ልብስ

uniform sekolah

የደንብ ልብስ

seragam

መሃረብ

lapik dada

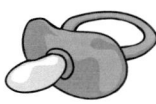

የእንጀራ እናት ጡጦ

palsu

ሽንት ጨርቅ

lampin

ቢሮ

pejabat

pelayan
የፋይል መደርደሪያ ካቢኔ
kabinet fail
የህትመት መሳሪያ
mesin pencetak
ወረቀት
kertas
መቆጣጠሪያ
monitor
tetikus
መፃፊያ ጠረጴዛ
meja
ማህደር
folder
የመፃፊ ቁልፎች
papan kekunci
የቆሻሻ ወረቀት መጣያ ቅርጫት
bakul sampah
ኮምፒዉተር
komputer
ወንበር
kerusi

የቡና መጠጫ ትልቅ ኩባያ

cawan kopi

ማስልያ ማሽን

kalkulator

ኢንተርኔት

internet

ላፕቶፕ

komputer riba

ደብዳቤ

surat

መልዕክት

mesej

ተንቀሳቃሽ ስልክ

mudah alih

የግንኙነት አዉታር

rangkaian

ማባዣ ማሽን

mesin fotokopi

ሶፍትዌር

perisian

ስልክ

telefon

የግድግዳ ሶኬት

soket plag

የፋክስ ማሽን

mesin faks

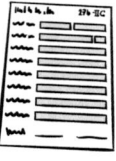

ቅፅ

bentuk

ሰነድ

dokumen

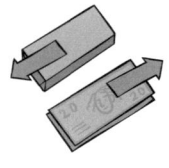

ኢኮኖሚ

ekonomi

መግዛት

beli

መክፈል

bayar

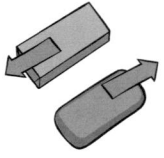

መነገድ

berdagang

ገንዘብ

wang

ዶላር

dolar

ዩሮ

euro

የን

yen

ሩብል

rubel

የስዊዝ ፍራንክ

franc swiss

ሬንሚንቢ ዩዋን

renminbi yuan

ሩጲ

rupee

የገንዘብ ነጥብ

mata tunai

የዉጭ ገንዘብ ምንዛሪ ቢሮ

pejabat tukaran mata wang

ወርቅ

emas

ብር

perak

ዘይት

minyak

ሀይል፤ ጉልበት

tenaga

ዋጋ

harga

ግንኙነት

kontrak

ቀረጥ

cukai

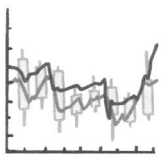

አክስዮን

stok

መስራት

kerja

ተቀጣሪ

pekerja

ቀጣሪ

majikan

ፋብሪካ

kilang

ሱቅ

kedai

የስራ ሙያዎች

pekerjaan

የፖሊስ አዛዥ
pegawai polis
የእሳት አደጋ ሰራተኛ
ahli bomba
ምግብ አብሳይ
tukang masak
ዶክተር
doktor
አብራሪ
juruterbang

አትክልተኛ

tukang kebun

አናጢ

tukang kayu

ልብስ ሰፊ ሴት

tukang jahit

ዳኛ

hakim

ቀማሚ

ahli kimia

ተዋናይ

pelakon

የአዉቶቢስ ሹፌር

pemandu bas

የታክሲ ሹፌር

pemandu teksi

አሳ አጥማጅ

nelayan

ፅዳት ሰራተኛ

wanita pencuci

የጣራ ሰራተኛ

kasau

አስተናጋጅ

pelayan

አዳኝ

pemburu

ሰዓሊ

pelukis

ጋጋሪ

bakeri

የኤሌትሪክ ሰራተኛ

juruelektrik

ገምቢ

pembangun

መሃሃዲስ

jurutera

ልኳንዳ

penjual daging

የቧንቧ ሰራተኛ

tukang paip

የፖስታ ሰራተኛ

posmen

ወታደር
askar

መሃንዲስ
arkitek

የሒሳብ ሰራተኛ
juruwang

አበባ ሻጭ
kedai bunga

የፀጉር ሰራተኛ
pendandan rambut

ቲኬት ቆራጭ
konduktor

መካኒክ
mekanik

ካፒቴን
kapten

የጥርስ ሐኪም
doktor gigi

ተመራማሪ
ahli sains

መምህር
tuhanku

የሙስሊም ሃይማኖታዊ መሪ
imam

መነኩሴ
sami

ካህን
paderi

መሳሪያዎች

alat

መዶሻ
tukul
ተቆላፊ ጉጠት
playar
መፍቻ
pemutar skru
የመሳሪ መፍቻ
sepana
ባትሪ
obor

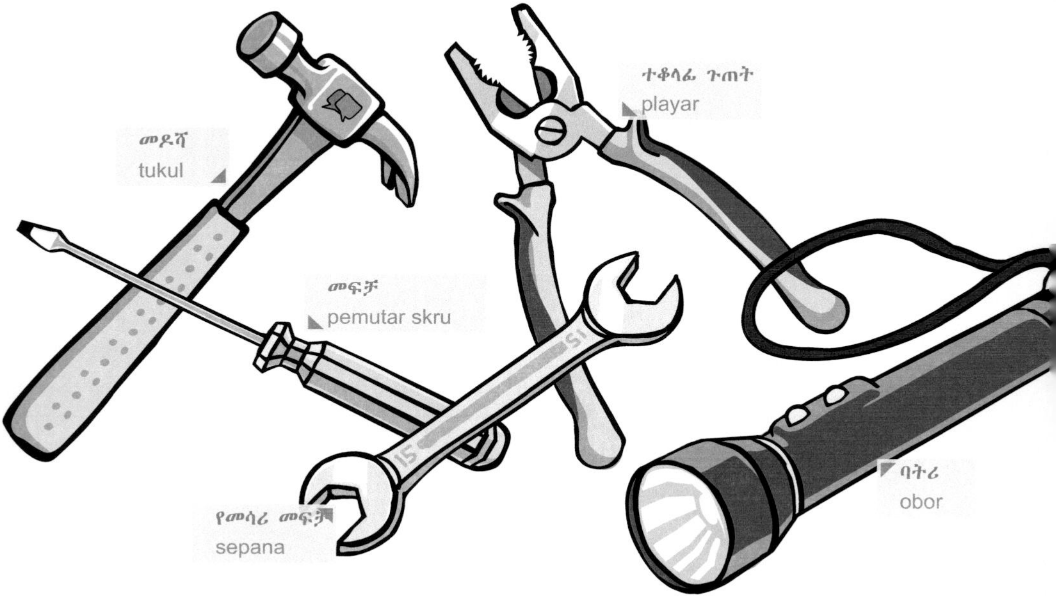

በቁፋሮ የሚዝቅ

pengorek

የመፍቻ ሳጥን

kotak peralatan

መሰላል

tangga

መጋዝ

gergaji

ምስማር

kuku

መሰርሰሪያ

gerudi

መጠገን

baiki

አካፋ

penyodok

የተረገመ!

Celaka!

ቆሻሻ ማፈሻ

penadah sampah

የቀለም ቆርቆሮ

periuk cat

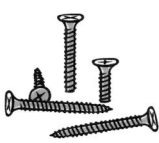

ብሎን

skru

የሙዚቃ መሳሪያዎች

alat muzik

የድምፅ ማጉያ መሳርያ

pembesar suara

የከበሮ መሳሪያዎች

perangkat dram

ድርብ ቤዝ ጊታር

bass berganda

የትንፋሽ ሙዚቃ መሳሪያ

trompet

ክራር መሰል የሙዚቃ መሳሪያ

gitar

ፒያኖ

piano

ቫዮሊን

biola

ወፍራም፤ ጎርናና ድምፅ ያለዉ
ክራር መሰል ሙዚቃ መሳሪያ

bass

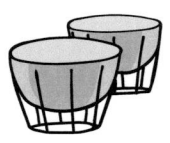

ነጋሪት

timpani

ከበሮ

dram

በኤሌክትሪክ የሚሰራ ፒኖ

papan kekunci

የትንፋሽ ሙዚቃ መሳሪያ

saksofon

ዋሽንት

seruling

የድምፅ ማጉያ

mikrofon

የደር እንስሳት ማቆያ

ZOO

ነብር
harimau
መግቢያ
pintu masuk
ሳጥን
sangkar
የሜዳ አህያ
zebra
የእንስሳ ምግብ
makanan haiwan
ትልቅ ድብ
panda

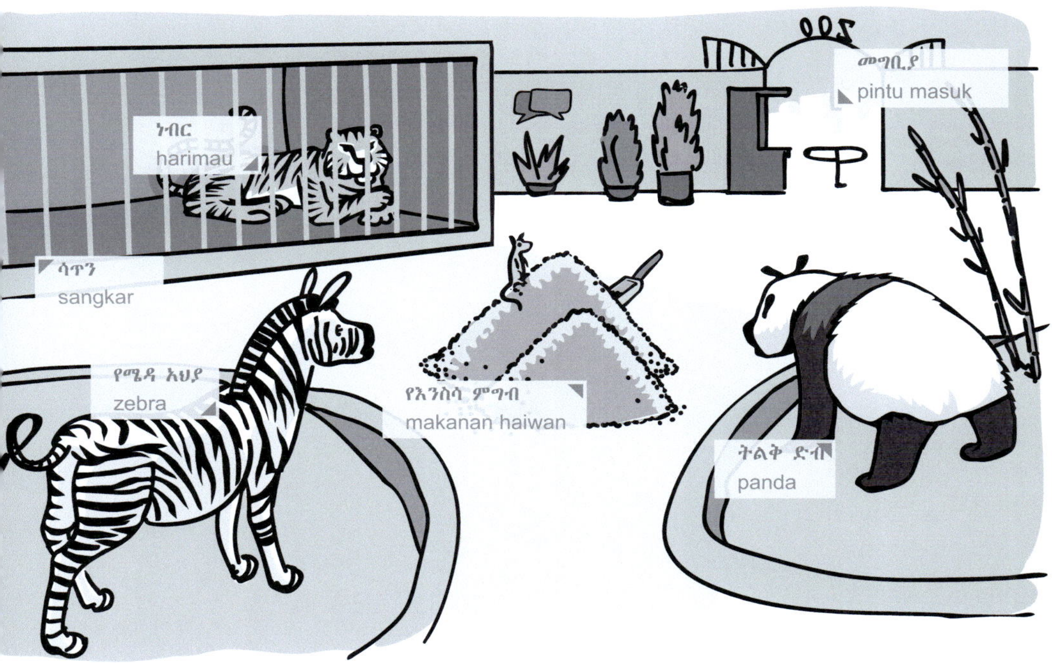

እንስሳቶች

haiwan

ዝሆን

gajah

ካንጋሮ

kanggaru

አዉራሪስ

badak sumbu

ትልቅ ዝንጀሮ

gorila

ድብ

beruang

ግመል

unta

ሰጎን

burung unta

አንበሳ

singa

ጦጣ

monyet

ቅልጥመ ረዥም ወፍ

flamingo

በቀቀን

nuri

የወዋልታ ድብ

beruang kutub

የዋልታ ወፎች

penguin

ረጅም ጥርሶች ያሉትአሳ ነባሪ

yu

ጣዎስ

merak

እባብ

ular

አዞ

buaya

የዱር አራዊት የሚጠበቁበት
ማቆያን የሚጠብቅ

penjaga zoo

አሳ በሊታ የባህር እንስሳ

anjing laut

የዱር ድመት

jaguar

ድንክ ፈረስ

kuda

ነብር

harimau

ጉማሬ

badak air

ቀጭኔ

zirafah

ንስር

helang

ከርከሮ

babi jantan

አሳ

ikan

የባህር ኤሊ

penyu

የባህር አዉሬ

anjing laut

ቀበሮ

musang

የሜዳ ፍየል፣ ሚዳቋ

rusa

የስፖርት አይነቶች

sukan

የአሜሪካ እግርኳስ
bola sepak Amerika
የብስክሌት ስፖርት
berbasikal
ቴኒስ
tenis
የቅርጫት ኳስ
bola keranjang
ዋና
renang
የበረዶ ላይ የገና ጨዋታ
hoki ais
የቡጢ ስፖርት
tinju

እግር ኳስ

bola sepak

የላበ ኳስ ጨዋታ

badminton

አትሌቲክስ

olahraga

የእጅ ኳስ ስፖርት

bola baling

የበረዶ መንሸራተት ስፖርት

ski

ፈረስ ግልቢያ

polo

መዝለል — lompat
ማቀፍ — peluk
መዘመር — menyanyi
መሳቅ — ketawa
መራመድ — berjalan
ህልም ማለም — mimpi
መፀለይ — berdoa
መሳም — cium

መፃፍ — tulis
መሳል — lukis
ማሳየት — tunjuk
መግፋት — tolak
መስጠት — beri
መዉሰድ — ambil

መያዝ
ada

ማድረግ
buat

መሆን
ialah

መቆም
berdiri

መሮጥ
lari

መሳብ
tarik

መወርወር
buang

መዉደቅ
jatuh

መዋሸት
tipu

መጠበቅ
tunggu

መሸከም
bawa

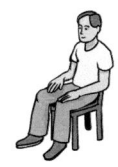

መቀመጥ
duduk

መልበስ
pakai

መተኛት
tidur

መንቃት
bangkit

መመልከት

lihat pada

ማለልቀስ

menangis

መጫር

strok

ማበጠር

sikat

ማዉራት

cakap

መረዳት

faham

ጥያቄ

tanya

ማዳመጥ

dengar

መጠጣት

minum

መብላት

makan

ማንፃት

mengemas

ማፍቀር

sayang

ምግብ ማብሰል

masak

መንዳት

pandu

መብረር

terbang

መርከብ መንዳት

belayar

ቁጥሮችን ማስላት

kira

ማንበብ

baca

መማር

belajar

መስራት

kerja

ማግባት

nikah

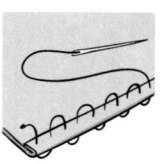

መስፋት

jahit

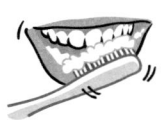

ጥርስ መቦረሽ

memberus gigi

መግደል

bunuh

ማጨስ

asap

መላክ

hantar

የሴት አያት
nenek

የወንድ አያት
datuk

አባት
bapa

እናት
ibu

ህፃን
bayi

ሴት ልጅ
anak perempuan

ወንድ ልጅ
anak lelaki

እንግዳ

tetamu

አክስት

mak cik

አጎት

pak cik

ወንድም

abang

እህት

kakak

አካል

badan

ግንባር
dahi
አይን
mata
bahu
ጣት
jari
ፊት
muka
አገጭ
dagu
እጅ
tangan
እግር
kaki
ጡት
dada
ክንድ
lengan

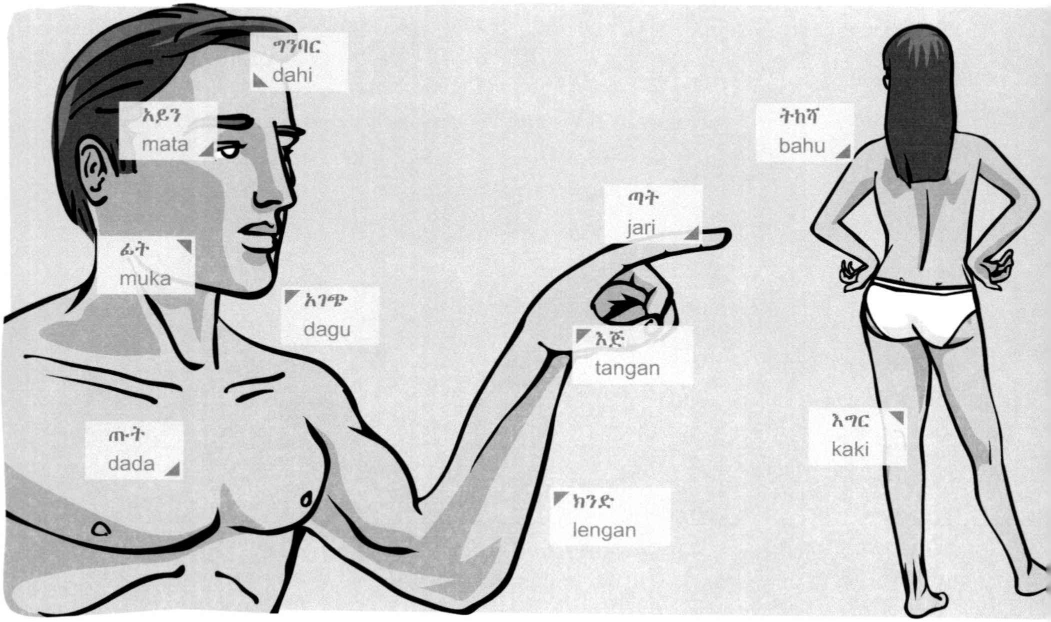

ህፃን

bayi

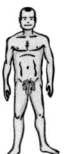

ሰዉ

lelaki

ሴት

wanita

ልጃገረድ

perempuan

ወንድ ልጅ

lelaki

ራስ

kepala

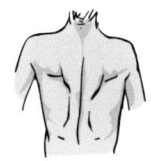

ጀርባ

belakang

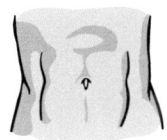

ሆድ

bawah perut

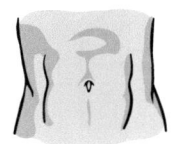

እምብርት

pusat

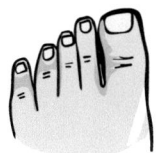

የእግር ጣት

jari kaki

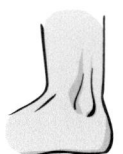

ተረከዝ

tumit

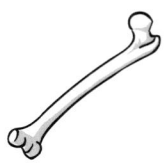

አጥንት

tulang

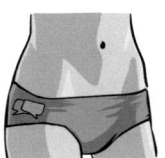

ዳሌ

pinggul

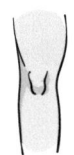

ጉልበት

lutut

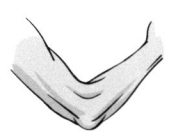

ክርን

siku

አፍንጫ

hidung

ቂጥ

bawah

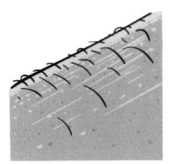

ቆዳ

kulit

ጉንጭ

pipi

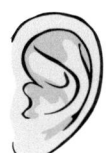

ጆሮ

telinga

ከንፈር

bibir

አፍ
mulut

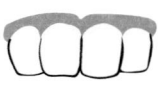

ጥርስ
gigi

ምላስ
lidah

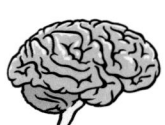

አንጎል
otak

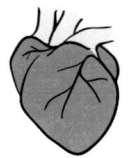

ልብ
hati

ጡንቻ
otot

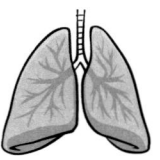

ሳምባ
paru-paru

ጉበት
hati

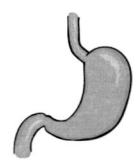

ሆድ
perut

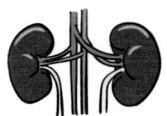

ኩላሊቶች
buah pinggang

የግብረስጋ ግንኙነት
seks

ኮንዶም
kondom

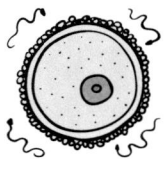

የሴት እንቁላል
faraj

የዘር ፈሳሽ
mani

እርግዝና
mengandung

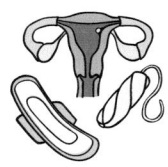

የወር አበባ
haid

እምስ
faraj

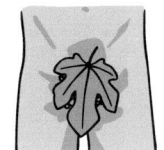

ቁላ
penis

ቅንድብ
kening

ፀጉር
rambut

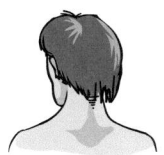

አንገት
leher

ሆስፒታል

hospital

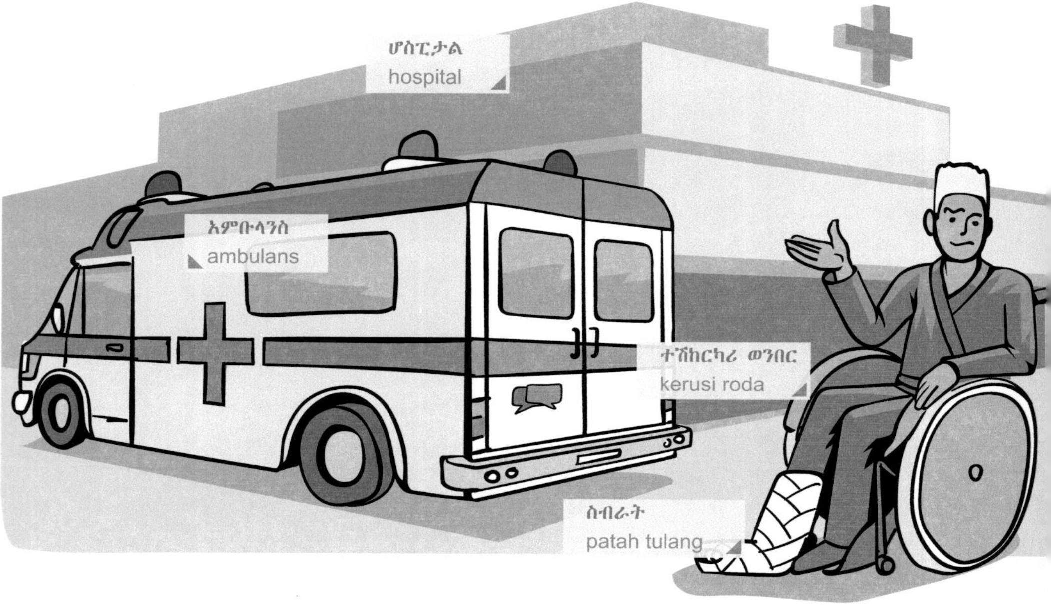

ሆስፒታል
hospital
አምቡላንስ
ambulans
ተሽከርካሪ ወንበር
kerusi roda
ስብራት
patah tulang

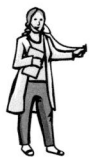

ዶክተር

doktor

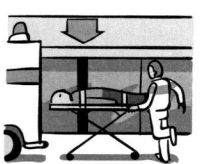

ድንገተኛ ክፍል

bilik kecemasan

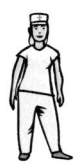

ነርስ

jururawat

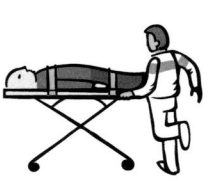

ድንገተኛ

kecemasan

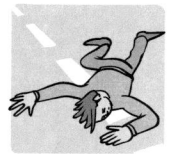

ራስን መሳት/ አለማወቅ

tak sedar

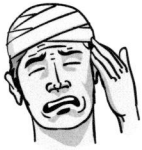

ህመም

sakit

ጉዳት

kecederaan

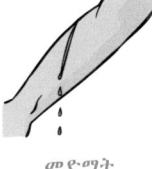

መድማት

pendarahan

የልብ ድካም

serangan jantung

ስትሮክ

strok

አለርጂ

alergi

ሳል

batuk

ትኩሳት

demam

ኢንፍሎዌንዛ

selesema

ተቅማጥ

cirit-birit

የራስ ምታት

sakit kepala

ካንሰር

kanser

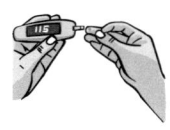

የስኳር በሽታ

diabetes

ቀዶ ጠጋኝ ሐኪም

pakar bedah

የቀዶ ጥገና ስለት

pisau bedah

ቀዶ ጥገና

pembedahan

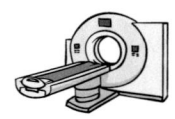

ሲቲ

CT

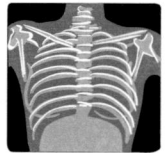

ኤክስሬዮ

x-ray

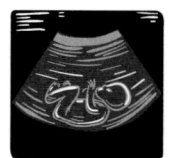

አልትራሳዉንድ

ultrabunyi

የፊት ጭምብል

topeng muka

በሽታ

penyakit

መጠበቂያ ክፍል

bilik menunggu

ምርኩዝ

penongkat

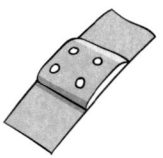

የቁስል ማሸጊያ

plaster

ፋሻ

pembalut

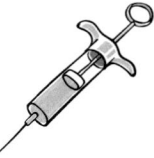

መርፌ

suntikan

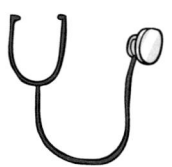

የልብ ምት ማዳመጫ መሳሪያ

stetoskop

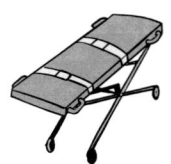

የበሽተኛ አልጋ

pengusung

የህክምና ሙቀት መለኪያ መሳሪያ

termometer klinik

መውለድ

kelahiran

ከልክ ያለፈ ክብደት

berat badan berlebihan

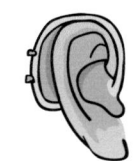

ለመስማት የሚረዳ መሳሪያ

alat pendengaran

ፀረ ተባይ መድሀኒት

disinfektan

ማመርቀዝ

jangkitan

ቫይረስ

virus

ኤች አይቪ ኤድስ

HIV / AIDS

ህክምና

perubatan

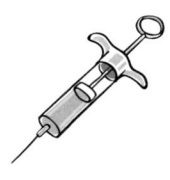

ክትባት

vaksinasi

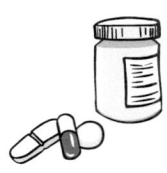

ኪኒን

tablet

ኪኒን

pil

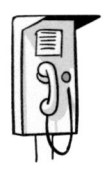

አስቸኳይ የስልክ ጥሪ

panggilan kecemasan

ደም ግፊት መቆጣጠሪያ

pantau tekanan darah

ህመም/ ጤንነት

sakit / sihat

ድንገተኛ

kecemasan

እርዳታ!

Tolong!

ማንቂያ ደወል

penggera

ጥቃት

serang

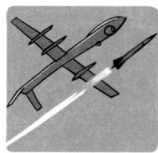

ድብደባ

serangan

አደጋ

bahaya

የድንገተኛ መዉጫ

pintu kecemasan

እሳት!

Api!

እሳት ማጥፊያ

alat pemadam api

አደጋ

kemalangan

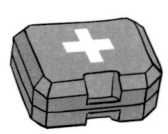

የመጀመሪያ እርዳታ መድሃኒት መያዣ

alat pertolongan cemas

ነፍስ አድን

SOS

ፖሊስ

polis

አዉሮፓ

Eropah

ሰሜን አሜሪካ

Amerika Utara

ደቡብ አሜሪካ

Amerika Selatan

አፍሪካ

Afrika

እስያ

Asia

አዉስትራሊያ

Australia

አትላንቲክ

Atlantic

ፓስፊክ

Pasifik

የህንድ ዉቅያኖስ

Lautan Hindi

አንታርክቲክ ዉቅያኖስ

Lautan Antartik

አርክቲክ ዉቅያኖስ

Lautan Artik

ሰሜን ዋልታ

Kutub utara

ደቡብ ዋልታ

Kutub Selatan

አንታርክቲካ

Antartika

ምድር

bumi

መሬት

tanah

ባህር

laut

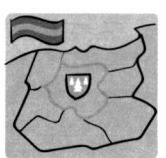

ደሴት

pulau

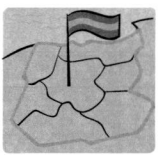

አገርና ህዝብ

negara

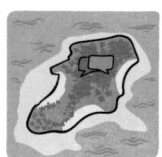

መንግስት

negeri

ሰዓት
jam

የሰዓት ገፅታ

muka jam

ሰዓት

tangan jam

ደቂቃ

tangan minit

ሴኮንድ

terpakai

ስንት ሰዓት ነው?

Jam berapa sekarang

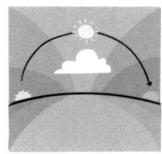

ቀን

hari

ጊዜ

masa

አሁን

sekarang

የቁጥር ሰዐት

jam digital

ደቂቃ

minit

ሰዓታት

jam

ሳምንት

minggu

ሰኞ
Isnin
MO
ረቡዕ
Rabu
W
TU
TH
FR
አርብ
Jumaat
ቅዳሜ
Sabtu
SA
ማክሰኞ
Selasa
SO
ሐሙስ
Khamis
እሁድ
Ahad

ትላንት

semalam

ዛሬ

hari ini

ነገ

esok

ማለዳ

pagi

ቀትር

tengah hari

ምሽት

petang

የስራ ቀናት

hari kerja

የዕረፍት ቀናት

hari minggu

ዓመት

tahun

ዝናብ
hujan
ቀስተ ዳመና
pelangi
ጥጥ የሚመስል አመዳይ
በረዶ
salji
ነ
angin
ፀደይ
musim bunga
በጋ
musim panas
መኸር
musim luruh
ክረምት
musim salji

4.APRIL 11°
5.APRIL 4°
6.APRIL 13°
7.APRIL 8°
8.APRIL 10°

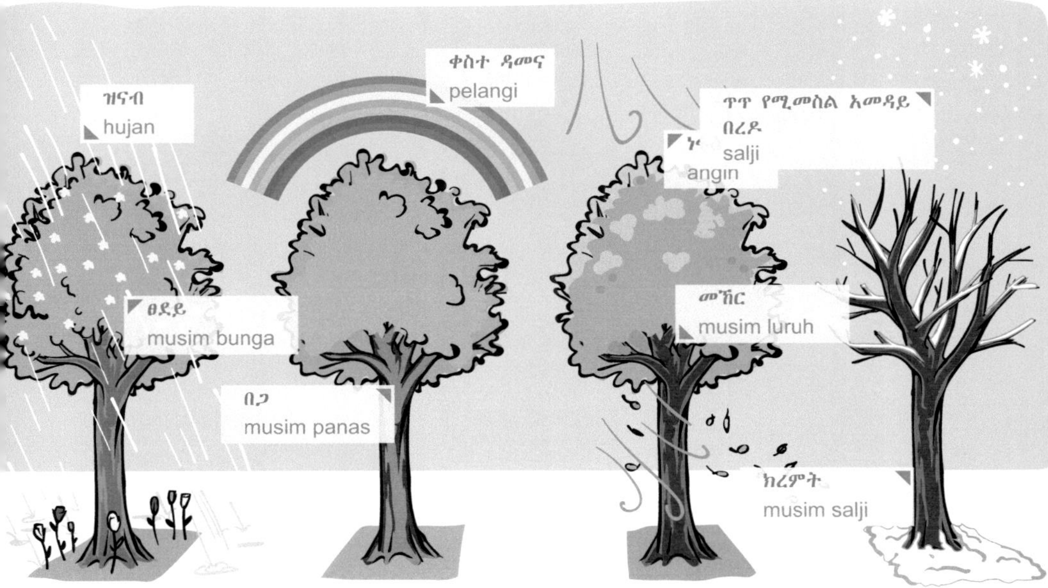

የአየር ሁኔታ ትንበያ

ramalan cuaca

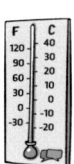

0
10
0
-10

የሙቀት መለኪያ

termometer

የፀሀይ ሙቀት

sinar matahari

ደመና

awan

ጭጋግ

kabus

እርጥበታማነት

lembapan

መብረቅ

kilat

ነጎድጓድ

petir

አዉሎ ንፋስ

ribut

የበረዶ ዝናብ

hujan batu

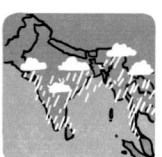

አዉሎ ንፋስ

monsun

ጎርፍ

banjir

በረዶ

ais

ጥር

Januari

የካቲት

Februari

መጋቢት

Mac

ሚያዚያ

April

ግንቦት

Mei

ሰኔ

Jun

ሐምሌ

Julai

ነሀሴ

Ogos

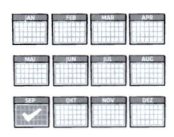

መስከረም

September

ጥቅምት

Oktober

ህዳር

November

ታህሳስ

Disember

ቅርፆች

bentuk

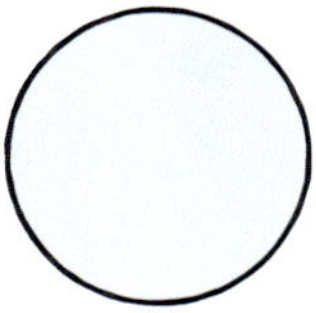

ክብ

bulatan

አራት ማዕዘን

petak

አራት ቀጥተኛ ማዕዘኖች ጎኖች ያሉት ቅርፅ

segi empat tepat

ሶስት ማዕዘን

segitiga

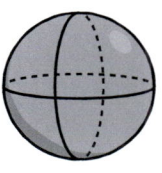

ሉል

sfera

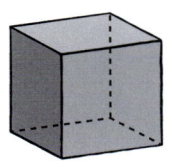

ስድስት ጎን ያለዉ ቅርፅ

kiub

ቀለማት

warna

ነጭ

putih

ቢጫ

kuning

ብርቱካናማ

oren

ሮዝ

merah jambu

ቀይ

merah

ወይን ጠጅ

ungu

ሰማያዊ

biru

አረንጓዴ

hijau

ቡኒ

coklat

ግራጫ

kelabu

ጥቁር

hitam

ብዙ/ ጥቂት

banyak / sedikit

ንዴት/ እርጋታ

marah / tenang

ቆንጆ/ አስቀያሚ

cantik / hodoh

ጅማሬ/ ፍፃሜ

bermula / tamat

ትልቅ/ ትንሽ

besar kecil

ደማቅ/ ደብዛዛ

terang / gelap

ወንድም/ እህት

abang / kakak

ንፁህ/ ቆሻሻ

bersih / kotor

የተሟላ/ ያልተሟላ

lengkap / tidak lengkap

ቀን/ ምሽት

hari / malam

የሞተ/ ህያዉ

mati / hidup

ሰፊ/ ጠባብ

luas / sempit

የሚበላ/ የማይበላ

boleh dimakan / tidak boleh dimakan

ክፉ/ ደግ

jahat / baik

ደስተኛ/ ድብርተኛ

teruja / bosan

ወፍራም/ ቀጭን

gemuk / kurus

መጀመርያ/ መጨረሻ

pertama / terakhir

ጓደኛ/ ጠላት

kawan / musuh

ሙሉ/ ጎዶሎ

penuh / kosong

ጠንካራ/ ለስላሳ

keras / lembut

ከባድ/ ቀላል

berat / ringan

ረሃብ/ ጥማት

lapar / dahaga

ህመም/ ጤንነት

sakit / sihat

ህገወጥ/ ህጋዊ

menyalahi undang-undang / undang-undang

ጎበዝ/ ደደብ

pintar / bodoh

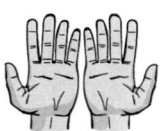

ግራ/ ቀኝ

kiri / kanan

ቅርብ/ ሩቅ

dekat / jauh

አዲስ/ አሮጌ

baru / lama

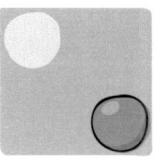

ምንም/ የሆነ ነገር

tiada / sesuatu

ሽማግሌ/ ወጣት

tua / muda

የበራ/ የጠፋ

hidup / mati

ክፍት/ ዝግ

terbuka / tertutup

ፀጥታ/ ጫጫታ

diam / bising

ሃብታም/ ደሃ

kaya / miskin

ትክክለኛ/ የተሳሳተ

betul / salah

ሻካራ/ ለስላሳ

kasar / halus

ሐዘን/ ደስታ

sedih / gembira

አጭር/ ረዥም

pendek / panjang

ዝግተኛ/ ፈጣን

lambat / laju

እርጥብ/ ደረቅ

basah / kering

ሞቃት/ ቀዝቃዛ

panas / sejuk

ጦርነት/ ሰላም

berperang / berdamai

ቁጥሮች

nombor

0	1	2
ዜሮ	አንድ	ሁለት
sifar	satu	dua
3	4	5
ሶስት	አራት	አምስት
tiga	empat	lima
6	7	8
ስድስት	ሰባት	ስምንት
enam	tujuh	lapan
9	10	11
ዘጠኝ	አስር	አስራ አንድ
sembilan	sepuluh	sebelas

12

አስራ ሁለት

dua belas

13

አስራ ሶስት

tiga belas

14

አስራ አራት

empat belas

15

አስራ አምስት

lima belas

16

አስራ ስድስት

enam belas

17

አስራ ሰባት

tujuh belas

18

አስራ ሰስምንት

lapan belas

19

አስራ ዘጠኝ

Sembilan belas

20

ሃያ

dua puluh

100

መቶ

ratus

1.000

ሺህ

ribu

1.000.000

ሚሊዮን

juta

ቋንቋዎች
bahasa-bahasa

እንግሊዝኛ

Bahasa Inggeris

የአሜሪካ እንግሊዝኛ

Bahasa Inggeris Amerika

የቻይና ማንዳሪን

Bahasa Cina Mandarin

ሂንዱ

Bahasa Hindi

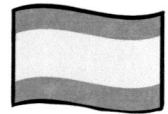

ስፓኒሽ

Bahasa Sepanyol

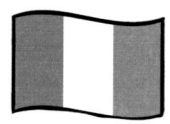

ፍሬንች

Bahasa Perancis

አረብኛ

Bahasa Arab

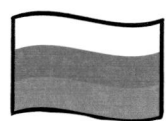

ራሺያኛ

Bahasa Rusia

ፖርቱጊዝ

Bahasa Portugis

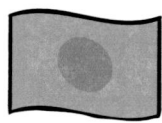

ቤንጋሊ

Bahasa Benggali

ጀርመን

Bahasa Jerman

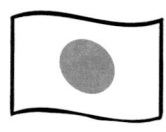

ጃፓንኛ

Bahasa Jepun

ማን/ ምን/ እንዴት
siapa / apa / bagaimana

እኔ

saya

አንተ

anda

እሱ/ እርሷ/ እቃዉ

dia / dia / ia

እኛ

kita

አንተ

anda

እነርሱ

mereka

ማን?

siapa?

ምን?

apa?

እንዴት?

bagaimana?

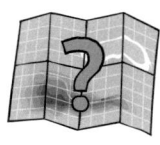

የት?

di mana?

መቼ?

bila?

ስም

nama

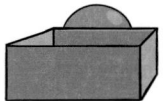

የት

di mana

በስተጀርባ

belakang

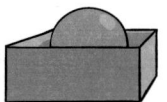

ዉስጥ

dalam

ከፊት ለፊት

di hadapan

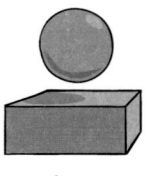

ከላይ

lebih

ላይ

pada

ከስር

di bawah

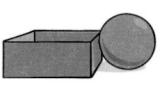

አጠገብ

bersebelahan

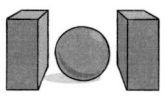

መሃከል

antara

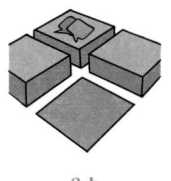

ቦታ

tempat